Bert Mehlhaff & Martina Berg

Schießbuch für Bogenschützen

2., verbesserte und erweiterte Auflage

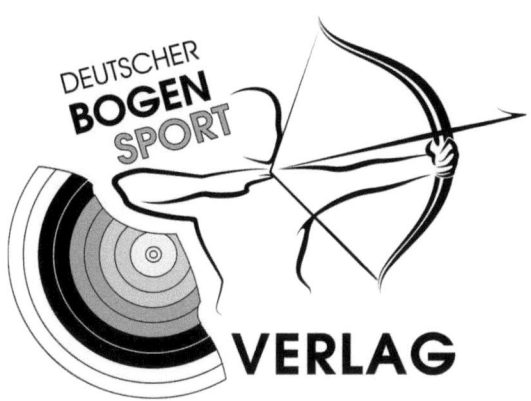

Deutscher Bogensportverlag
www.deutscher-bogensportverlag.de

Über die Autoren:

Bert Mehlhaff
betreibt den Bogensport seit mehr als 35 Jahren und ist
mehrfacher Landes- sowie Deutscher Meister mit dem
Recurvebogen. Er betreibt seit Jahren erfolgreich ein Fachgeschäft
für Bogensportartikel und ist Bogenreferent für den Schützenkreis
Lippe. Seit 5 Jahren schießt er Compoundbogen und ist oft auf 3D-
Parcours anzutreffen.

Internet:
www.bogensport-deutschland.de

Martina Berg
ist Antiquarin, Fotografin, Autorin und seit einigen Jahren
begeisterte Bogenschützin. Sie durchstreift mit Ihrem Jagdrecurve
bevorzugt 3D-Parcours, schießt dabei instinktiv, liebäugelt aber seit
kurzem auch mit einem Compoundbogen.

Internet:
www.martinaberg.com

Alle Bücher des Deutschen Bogensportverlages zum
Thema Bogenschießen finden Sie im Internet unter:

www.deutscher-bogensportverlag.de

Bert Mehlhaff & Martina Berg

Schießbuch für Bogenschützen

Persönliches Trainingstagebuch
für ambitionierte Bogensportler

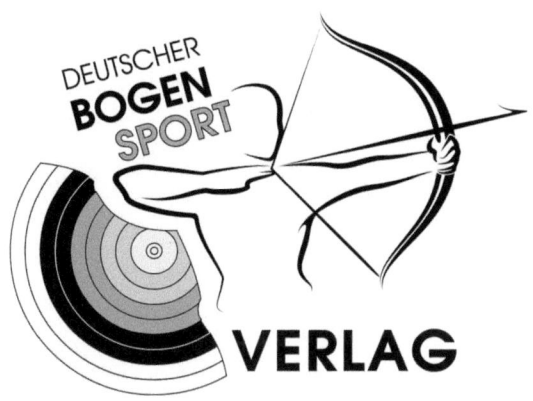

2., verbesserte und erweiterte Auflage 2016

Deutscher Bogensportverlag
www.deutscher-bogensportverlag.de

Bibliografische Information der Deutschen Nationalbibliothek:
Die Deutsche Bibliothek verzeichnet diese Publikation in der
Deutschen Nationalbibliografie; detaillierte bibliografische
Daten sind im Internet unter http://dnb.dnb.de abrufbar.

© Bert Mehlhaff & Martina Berg,
Deutscher Bogensportverlag, GbR

Herstellung und Verlag:
BoD – Books on Demand, Norderstedt

ISBN: 978-3-7347-13767

Schießbuch-Nr.	
Datum von:	
Datum bis:	
Persönliche Daten	
Name:	
Geburtsdatum:	
Straße / Nr.:	
PLZ / Wohnort:	
Telefon:	
Mobiltelefon:	
E-Mail:	
Verein:	
Sportausweis Nr.	

**Ein Leben ohne Bogenschießen
ist möglich - aber sinnlos!**

Bogenpass Compoundbogen – Teil 1

Notieren Sie sich regelmäßig die technischen Daten Ihrer Bogensportausrüstung. Durchgeführte Änderungen und deren Auswirkungen sind somit besser nachvollziehbar und können gegebenenfalls rückgängig gemacht werden.

Datum:	
Hersteller	
Modell:	
Länge Achse/Achse:	
Sehne / Kabel	
Länge Sehne:	
Strangzahl Sehne:	
Material Sehne:	
Länge Kabel:	
Strangzahl Kabel:	
Material Kabel:	
Stabilisatoren	
Modell Monostabi:	
Länge Monostabi:	
Gewicht(e) Monostabi:	
Modell Seitenstabi:	
Länge Seitenstabi:	
Gewicht(e) Seitenstabi:	
Dämpfer / Modell:	
Vorbau / V-Bar / Spinne	
Modell / Ausführung:	

Bogenpass Compoundbogen – Teil 2

Standhöhe	
Sehnenabstand in Zoll/cm:	
Pfeilauflage	
Modell:	
Ausführung:	
Visier	
Modell:	
Länge des Auslegers:	
Scope	
Modell / Größe:	
Linse:	
Vergrößerung:	
Pin:	
Pfeile	
Modell:	
Material:	
Länge:	
Spitzen / Gewicht:	
Nocks:	
Federn:	
Folierung / Länge:	
Beschriftung:	
Auszugslänge cm/Zoll:	

Bogenpass Recurvebogen – Teil 1

Datum:		
Mittelteil		
Hersteller:		
Länge in Zoll:		
Wurfarme		
Name / Modell:		
Länge in Zoll / Stärke in lbs:		
Effektives Zuggewicht in lbs:		
Tiller (WA = Wurfarme)	**obere WA**	**untere WA**
Abstand:		
Visier		
Modell / Name:		
Ausleger in Zoll:		
Visiernadel / Pin:		
Sehne / Standhöhe		
Material:		
Länge / Strangzahl:		
Sehnenabstand in Zoll/cm:		
Button		
Name/Modell:		
Gesamtlänge:		
Bergertest am:		
Vorbau / V-Bar / Spinne		
Art/Länge/Winkel in Grad:		

Bogenpass Recurvebogen – Teil 2

Nockpunktüberhöhung	
Typ:	
Höhe:	
Stabilisatoren	
Modell Monostabi:	
Länge Monostabi:	
Gewicht(e) Monostabi:	
Modell Seitenstabi:	
Länge Seitenstabi:	
Gewicht(e) Seitenstabi:	
Dämpfer / Modell:	
Pfeilauflage	
Modell:	
geklebt / geschraubt:	
verstellbar?:	
Markierungsdaten:	
Pfeile	
Material / Modell / Länge:	
Spitzen / Gewicht:	
Nocks:	
Federn:	
Folierung / Länge:	
Beschriftung:	
Auszugslänge cm/Zoll:	

Zubehör

Tab / Fingerschutz / Schlinge	
Art und Modell:	
Größe / Lederart:	
Ersatzleder?:	
Leder zuletzt gewechselt am:	
Leder gewechselt nach x Schuss:	
Größe und Art des Fingertrenners:	
Zusatzgewichte Tab in Gramm:	
Schleifspuren? Wo/wie stark:	
Handschlinge / Fingerschlinge:	
Release	
Art / Modell:	
Hersteller:	
Zuletzt gereinigt am:	
Nächster Reinigungstermin:	
Letzte Funktionsprüfung am:	
Verschleißteile ausgewechselt am:	
Ersatzteilsortiment	
bestehend aus:	
Zuletzt ergänzt am:	
Nachfüllen / ergänzen von:	

Visiereinstellungen

Das Visier immer in die Richtung der Pfeilgruppierungen stellen!

Meter	Skala	Skala	Skala	Skala	Skala
5					
10					
15					
18					
20					
25					
30					
35					
40					
45					
50					
55					
60					
65					
70					
75					
80					
90					

Trainingsprotokoll vom:			
Trainingsort:		Schusszahl:	
Uhrzeit von:		Uhrzeit bis:	
Entfernung m:		Auflage cm:	

Schütze: Gruppe:	Pfeile			Summen	Treffer	10er	Xer	Kontr.
	1	2	3					
3								
6								
9								
12								
15								
18								
21								
24								
27								
30								
33								
36						Summe		
Schütze:								
Schreiber:								

Schießzettel und Gruppierungs-Check

2

1

Schütze: Gruppe:	Pfeile			Summen	Treffer	10er	Xer	Kontr.
	1	2	3					
3								
6								
9								
12								
15								
18								
21								
24								
27								
30								
33								
36						Summe		
Schütze:								
Schreiber:								

Äußere Bedingungen

Sonne von				
	vorne	hinten	links	rechts
Regen				
	keiner	Niesel	Regen	starker
Wind von				
	vorne	hinten	links	rechts
Windstärke				
	windstill	leicht	böig	stark
Visiereinstellung				

Bedingungen in der Halle

Licht	gut		schlecht	
Temperatur	genau richtig		heiß	kalt
Geräuschkulisse	laut		leise	

Notizen

Trainingsprotokoll vom:			
Trainingsort:		Schusszahl:	
Uhrzeit von:		Uhrzeit bis:	
Entfernung m:		Auflage cm:	

Schießzettel und Gruppierungs-Check

Schütze:							
Gruppe:							
	Pfeile					Summen	
	1	2	3				
3							
6							
9							
12							
15							
18							
21							
24							
27							
30							
33							
36							
Treffer	10er	Xer		Summe		Kontr.	
Schütze:							
Schreiber:							

(second identical sheet)

Schütze:							
Gruppe:							
	Pfeile					Summen	
	1	2	3				
3							
6							
9							
12							
15							
18							
21							
24							
27							
30							
33							
36							
Treffer	10er	Xer		Summe		Kontr.	
Schütze:							
Schreiber:							

Äußere Bedingungen

Sonne von				
	vorne	hinten	links	rechts
Regen				
	keiner	Niesel	Regen	starker
Wind von				
	vorne	hinten	links	rechts
Windstärke				
	windstill	leicht	böig	stark
Visiereinstellung				

Bedingungen in der Halle

Licht	gut		schlecht	
Temperatur	genau richtig		heiß	kalt
Geräuschkulisse	laut		leise	

Notizen

Trainingsprotokoll vom:

Trainingsort:		Schusszahl:	
Uhrzeit von:		Uhrzeit bis:	
Entfernung m:		Auflage cm:	

Schießzettel und Gruppierungs-Check

Gruppe / Schütze:

	Pfeile 1	2	3	Summen
3				
6				
9				
12				
15				
18				
21				
24				
27				
30				
33				
36				

Treffer	10er	Xer	Kontr.
Summe			

Schütze:
Schreiber:

Gruppe / Schütze:

	Pfeile 1	2	3	Summen
3				
6				
9				
12				
15				
18				
21				
24				
27				
30				
33				
36				

Treffer	10er	Xer	Kontr.
Summe			

Schütze:
Schreiber:

Äußere Bedingungen

Sonne von				
	vorne	hinten	links	rechts
Regen				
	keiner	Niesel	Regen	starker
Wind von				
	vorne	hinten	links	rechts
Windstärke				
	windstill	leicht	böig	stark
Visiereinstellung				

Bedingungen in der Halle

Licht	gut		schlecht	
Temperatur	genau richtig		heiß	kalt
Geräuschkulisse	laut		leise	

Notizen

Trainingsprotokoll vom:			
Trainingsort:		Schusszahl:	
Uhrzeit von:		Uhrzeit bis:	
Entfernung m:		Auflage cm:	

Schießzettel und Gruppierungs-Check

Äußere Bedingungen

Sonne von				
	vorne	hinten	links	rechts

Regen				
	keiner	Niesel	Regen	starker

Wind von				
	vorne	hinten	links	rechts

Windstärke				
	windstill	leicht	böig	stark

Visiereinstellung				

Bedingungen in der Halle

Licht	gut	schlecht	
Temperatur	genau richtig	heiß	kalt
Geräuschkulisse	laut	leise	

Notizen

Trainingsprotokoll vom:			
Trainingsort:		Schusszahl:	
Uhrzeit von:		Uhrzeit bis:	
Entfernung m:		Auflage cm:	

Schießzettel
und
Gruppierungs-
Check

1

2

Tabelle (oben):

Schütze:
Gruppe:

	Pfeile			Summen	Treffer	10er	Xer	Kontr.
	1	2	3					
3								
6								
9								
12								
15								
18								
21								
24								
27								
30								
33								
36								
Summe								

Schütze:
Schreiber:

Tabelle (unten):

Schütze:
Gruppe:

	Pfeile			Summen	Treffer	10er	Xer	Kontr.
	1	2	3					
3								
6								
9								
12								
15								
18								
21								
24								
27								
30								
33								
36								
Summe								

Schütze:
Schreiber:

Äußere Bedingungen

Sonne von				
	vorne	hinten	links	rechts
Regen				
	keiner	Niesel	Regen	starker
Wind von				
	vorne	hinten	links	rechts
Windstärke				
	windstill	leicht	böig	stark
Visiereinstellung				

Bedingungen in der Halle

Licht	gut		schlecht	
Temperatur	genau richtig		heiß	kalt
Geräuschkulisse	laut		leise	

Notizen

Trainingsprotokoll vom:			
Trainingsort:		Schusszahl:	
Uhrzeit von:		Uhrzeit bis:	
Entfernung m:		Auflage cm:	

Schießzettel und Gruppierungs-Check

Schütze:
Gruppe:

	Pfeile			Summen
	1	2	3	
3				
6				
9				
12				
15				
18				
21				
24				
27				
30				
33				
36				

Treffer	10er	Xer	Kontr.
Summe			

Schütze:
Schreiber:

Schütze:
Gruppe:

	Pfeile			Summen
	1	2	3	
3				
6				
9				
12				
15				
18				
21				
24				
27				
30				
33				
36				

Treffer	10er	Xer	Kontr.
Summe			

Schütze:
Schreiber:

Äußere Bedingungen

Sonne von				
	vorne	hinten	links	rechts
Regen				
	keiner	Niesel	Regen	starker
Wind von				
	vorne	hinten	links	rechts
Windstärke				
	windstill	leicht	böig	stark
Visiereinstellung				

Bedingungen in der Halle

Licht	gut		schlecht	
Temperatur	genau richtig		heiß	kalt
Geräuschkulisse	laut		leise	

Notizen

Trainingsprotokoll vom:			
Trainingsort:		Schusszahl:	
Uhrzeit von:		Uhrzeit bis:	
Entfernung m:		Auflage cm:	

(Oberer Bereich – Schießzettel, um 90° gedreht)

Schütze:
Gruppe:

	Pfeile					Summen
	1	2	3			
3						
6						
9						
12						
15						
18						
21						
24						
27						
30						
33						
36						

	Treffer	10er	Xer	Kontr.
Summe				

Schütze:
Schreiber:

Schießzettel
und
Gruppierungs-
Check

1

2

Schütze:
Gruppe:

	Pfeile					Summen
	1	2	3			
3						
6						
9						
12						
15						
18						
21						
24						
27						
30						
33						
36						

	Treffer	10er	Xer	Kontr.
Summe				

Schütze:
Schreiber:

Äußere Bedingungen

Sonne von				
	vorne	hinten	links	rechts
Regen				
	keiner	Niesel	Regen	starker
Wind von				
	vorne	hinten	links	rechts
Windstärke				
	windstill	leicht	böig	stark
Visiereinstellung				

Bedingungen in der Halle

Licht	gut		schlecht	
Temperatur	genau richtig		heiß	kalt
Geräuschkulisse	laut		leise	

Notizen

Trainingsprotokoll vom:

Trainingsort:		Schusszahl:	
Uhrzeit von:		Uhrzeit bis:	
Entfernung m:		Auflage cm:	

Schütze:
Gruppe:

Pfeile	1	2	3	Summen
3				
6				
9				
12				
15				
18				
21				
24				
27				
30				
33				
36				

	Treffer	10er	Xer	Kontr.
Summe				

Schütze:

Schreiber:

Schießzettel und Gruppierungs-Check

1

2

Schütze:
Gruppe:

Pfeile	1	2	3	Summen
3				
6				
9				
12				
15				
18				
21				
24				
27				
30				
33				
36				

	Treffer	10er	Xer	Kontr.
Summe				

Schütze:

Schreiber:

Äußere Bedingungen

Sonne von				
	vorne	hinten	links	rechts
Regen				
	keiner	Niesel	Regen	starker
Wind von				
	vorne	hinten	links	rechts
Windstärke				
	windstill	leicht	böig	stark
Visiereinstellung				

Bedingungen in der Halle

Licht	gut		schlecht	
Temperatur	genau richtig		heiß	kalt
Geräuschkulisse	laut		leise	

Notizen

Trainingsprotokoll vom:

Trainingsort:		Schusszahl:	
Uhrzeit von:		Uhrzeit bis:	
Entfernung m:		Auflage cm:	

Schießzettel und Gruppierungs-Check

Schütze:
Gruppe:

	Pfeile 1	2	3	Summen
3				
6				
9				
12				
15				
18				
21				
24				
27				
30				
33				
36				

Treffer	10er	Xer	Kontr.
Summe			

Schütze:

Schreiber:

Schütze:
Gruppe:

	Pfeile 1	2	3	Summen
3				
6				
9				
12				
15				
18				
21				
24				
27				
30				
33				
36				

Treffer	10er	Xer	Kontr.
Summe			

Schütze:

Schreiber:

Äußere Bedingungen

Sonne von				
	vorne	hinten	links	rechts
Regen				
	keiner	Niesel	Regen	starker
Wind von				
	vorne	hinten	links	rechts
Windstärke				
	windstill	leicht	böig	stark
Visiereinstellung				

Bedingungen in der Halle

Licht	gut		schlecht	
Temperatur	genau richtig		heiß	kalt
Geräuschkulisse	laut		leise	

Notizen

Trainingsprotokoll vom:

Trainingsprotokoll vom:			
Trainingsort:		Schusszahl:	
Uhrzeit von:		Uhrzeit bis:	
Entfernung m:		Auflage cm:	

Schießzettel und Gruppierungs-Check

Tabelle 1

Schütze:							
Gruppe:							
		Pfeile				Summen	
		1	2	3			
	3						
	6						
	9						
	12						
	15						
	18						
	21						
	24						
	27						
	30						
	33						
	36						

Treffer	10er	Xer	Kontr.
Summe			

Schütze:

Schreiber:

Zielscheiben

1

2

Tabelle 2

Schütze:							
Gruppe:							
		Pfeile				Summen	
		1	2	3			
	3						
	6						
	9						
	12						
	15						
	18						
	21						
	24						
	27						
	30						
	33						
	36						

Treffer	10er	Xer	Kontr.
Summe			

Schütze:

Schreiber:

Äußere Bedingungen

Sonne von				
	vorne	hinten	links	rechts
Regen				
	keiner	Niesel	Regen	starker
Wind von				
	vorne	hinten	links	rechts
Windstärke				
	windstill	leicht	böig	stark
Visiereinstellung				

Bedingungen in der Halle

Licht	gut		schlecht	
Temperatur	genau richtig		heiß	kalt
Geräuschkulisse	laut		leise	

Notizen

Trainingsprotokoll vom:

Trainingsort:		Schusszahl:	
Uhrzeit von:		Uhrzeit bis:	
Entfernung m:		Auflage cm:	

Schießzettel und Gruppierungs-Check

Schütze:
Gruppe:

	Pfeile 1	2	3	Summen
3				
6				
9				
12				
15				
18				
21				
24				
27				
30				
33				
36				

Treffer	10er	Xer	Kontr.
Summe			

Schütze:
Schreiber:

1

2

Schütze:
Gruppe:

	Pfeile 1	2	3	Summen
3				
6				
9				
12				
15				
18				
21				
24				
27				
30				
33				
36				

Treffer	10er	Xer	Kontr.
Summe			

Schütze:
Schreiber:

Äußere Bedingungen

Sonne von				
	vorne	hinten	links	rechts
Regen				
	keiner	Niesel	Regen	starker
Wind von				
	vorne	hinten	links	rechts
Windstärke				
	windstill	leicht	böig	stark
Visiereinstellung				

Bedingungen in der Halle

Licht	gut		schlecht	
Temperatur	genau richtig		heiß	kalt
Geräuschkulisse	laut		leise	

Notizen

Trainingsprotokoll vom:			
Trainingsort:		Schusszahl:	
Uhrzeit von:		Uhrzeit bis:	
Entfernung m:		Auflage cm:	

Schießzettel und Gruppierungs-Check

Target 1, Target 2

Tabelle (oben)

Schütze:					
Gruppe:					
	Pfeile				Summen
	1	2	3		
3					
6					
9					
12					
15					
18					
21					
24					
27					
30					
33					
36					

Treffer	10er	Xer	Kontr.
	Summe		

Schütze:
Schreiber:

Tabelle (unten)

Schütze:					
Gruppe:					
	Pfeile				Summen
	1	2	3		
3					
6					
9					
12					
15					
18					
21					
24					
27					
30					
33					
36					

Treffer	10er	Xer	Kontr.
	Summe		

Schütze:
Schreiber:

Äußere Bedingungen

Sonne von				
	vorne	hinten	links	rechts
Regen				
	keiner	Niesel	Regen	starker
Wind von				
	vorne	hinten	links	rechts
Windstärke				
	windstill	leicht	böig	stark
Visiereinstellung				

Bedingungen in der Halle

Licht	gut		schlecht	
Temperatur	genau richtig		heiß	kalt
Geräuschkulisse	laut		leise	

Notizen

Trainingsprotokoll vom:			
Trainingsort:		Schusszahl:	
Uhrzeit von:		Uhrzeit bis:	
Entfernung m:		Auflage cm:	

Schießzettel und Gruppierungs-Check

Schütze:
Gruppe:

	Pfeile			Summen
	1	2	3	
3				
6				
9				
12				
15				
18				
21				
24				
27				
30				
33				
36				

Treffer	Summe		
10er	Xer	Kontr.	

Schütze:
Schreiber:

1

2

Schütze:
Gruppe:

	Pfeile			Summen
	1	2	3	
3				
6				
9				
12				
15				
18				
21				
24				
27				
30				
33				
36				

Treffer	Summe		
10er	Xer	Kontr.	

Schütze:
Schreiber:

Äußere Bedingungen

Sonne von				
	vorne	hinten	links	rechts
Regen				
	keiner	Niesel	Regen	starker
Wind von				
	vorne	hinten	links	rechts
Windstärke				
	windstill	leicht	böig	stark
Visiereinstellung				

Bedingungen in der Halle

Licht	gut		schlecht	
Temperatur	genau richtig		heiß	kalt
Geräuschkulisse	laut		leise	

Notizen

Trainingsprotokoll vom:			
Trainingsort:		Schusszahl:	
Uhrzeit von:		Uhrzeit bis:	
Entfernung m:		Auflage cm:	

Schießzettel und Guppierungs-Check

Scheibe 1

Schütze:						
Gruppe:						
	Pfeile				Summen	
	1	2	3			
3						
6						
9						
12						
15						
18						
21						
24						
27						
30						
33						
36						

Treffer	10er	Xer	Kontr.
Summe			

Schütze:

Schreiber:

Scheibe 2

Schütze:						
Gruppe:						
	Pfeile				Summen	
	1	2	3			
3						
6						
9						
12						
15						
18						
21						
24						
27						
30						
33						
36						

Treffer	10er	Xer	Kontr.
Summe			

Schütze:

Schreiber:

Äußere Bedingungen

Sonne von				
	vorne	hinten	links	rechts
Regen				
	keiner	Niesel	Regen	starker
Wind von				
	vorne	hinten	links	rechts
Windstärke				
	windstill	leicht	böig	stark
Visiereinstellung				

Bedingungen in der Halle

Licht	gut		schlecht	
Temperatur	genau richtig		heiß	kalt
Geräuschkulisse	laut		leise	

Notizen

Trainingsprotokoll vom:			
Trainingsort:		Schusszahl:	
Uhrzeit von:		Uhrzeit bis:	
Entfernung m:		Auflage cm:	

Schütze:
Gruppe:

Pfeile	1	2	3		Summen
3					
6					
9					
12					
15					
18					
21					
24					
27					
30					
33					
36					

Treffer	10er	Xer	Kontr.
Summe			

Schütze:
Schreiber:

Schießzettel
und
Gruppierungs-
Check

1

2

Schütze:
Gruppe:

Pfeile	1	2	3		Summen
3					
6					
9					
12					
15					
18					
21					
24					
27					
30					
33					
36					

Treffer	10er	Xer	Kontr.
Summe			

Schütze:
Schreiber:

Äußere Bedingungen

Sonne von				
	vorne	hinten	links	rechts
Regen				
	keiner	Niesel	Regen	starker
Wind von				
	vorne	hinten	links	rechts
Windstärke				
	windstill	leicht	böig	stark
Visiereinstellung				

Bedingungen in der Halle

Licht	gut		schlecht	
Temperatur	genau richtig		heiß	kalt
Geräuschkulisse	laut		leise	

Notizen

Trainingsprotokoll vom:		
Trainingsort:		Schusszahl:
Uhrzeit von:		Uhrzeit bis:
Entfernung m:		Auflage cm:

Schießzettel und Gruppierungs-Check

Schütze:
Gruppe:

	Pfeile 1	2	3	Summen
3				
6				
9				
12				
15				
18				
21				
24				
27				
30				
33				
36				

Summe: Treffer | 10er | Xer | Kontr.

Schütze:
Schreiber:

Schütze:
Gruppe:

	Pfeile 1	2	3	Summen
3				
6				
9				
12				
15				
18				
21				
24				
27				
30				
33				
36				

Summe: Treffer | 10er | Xer | Kontr.

Schütze:
Schreiber:

Target 1

Target 2

Äußere Bedingungen

Sonne von				
	vorne	hinten	links	rechts
Regen				
	keiner	Niesel	Regen	starker
Wind von				
	vorne	hinten	links	rechts
Windstärke				
	windstill	leicht	böig	stark
Visiereinstellung				

Bedingungen in der Halle

Licht	gut		schlecht	
Temperatur	genau richtig		heiß	kalt
Geräuschkulisse	laut		leise	

Notizen

Trainingsprotokoll vom:			
Trainingsort:		Schusszahl:	
Uhrzeit von:		Uhrzeit bis:	
Entfernung m:		Auflage cm:	

Schießzettel und Gruppierungs-Check

Blatt 1 (oben):

Schütze:
Gruppe:

	Pfeile				Summen
	1	2	3		
3					
6					
9					
12					
15					
18					
21					
24					
27					
30					
33					
36					

Treffer	10er	Xer	Kontr.
Summe			

Schütze:
Schreiber:

Blatt 2 (unten):

Schütze:
Gruppe:

	Pfeile				Summen
	1	2	3		
3					
6					
9					
12					
15					
18					
21					
24					
27					
30					
33					
36					

Treffer	10er	Xer	Kontr.
Summe			

Schütze:
Schreiber:

Äußere Bedingungen

Sonne von				
	vorne	hinten	links	rechts
Regen				
	keiner	Niesel	Regen	starker
Wind von				
	vorne	hinten	links	rechts
Windstärke				
	windstill	leicht	böig	stark
Visiereinstellung				

Bedingungen in der Halle

Licht	gut		schlecht	
Temperatur	genau richtig		heiß	kalt
Geräuschkulisse	laut		leise	

Notizen

Trainingsprotokoll vom:			
Trainingsort:		Schusszahl:	
Uhrzeit von:		Uhrzeit bis:	
Entfernung m:		Auflage cm:	

Schießzettel und Gruppierungs-Check

Zielscheibe 1

Zielscheibe 2

Schießzettel 1

Schütze:
Gruppe:

	Pfeile 1	2	3		Summen
3					
6					
9					
12					
15					
18					
21					
24					
27					
30					
33					
36					

Treffer	10er	Xer	Kontr.
Summe			

Schütze:
Schreiber:

Schießzettel 2

Schütze:
Gruppe:

	Pfeile 1	2	3		Summen
3					
6					
9					
12					
15					
18					
21					
24					
27					
30					
33					
36					

Treffer	10er	Xer	Kontr.
Summe			

Schütze:
Schreiber:

Äußere Bedingungen

Sonne von				
	vorne	hinten	links	rechts
Regen				
	keiner	Niesel	Regen	starker
Wind von				
	vorne	hinten	links	rechts
Windstärke				
	windstill	leicht	böig	stark
Visiereinstellung				

Bedingungen in der Halle

Licht	gut		schlecht	
Temperatur	genau richtig		heiß	kalt
Geräuschkulisse	laut		leise	

Notizen

Trainingsprotokoll vom:	
Trainingsort:	Schusszahl:
Uhrzeit von:	Uhrzeit bis:
Entfernung m:	Auflage cm:

Schütze:
Gruppe:

	Pfeile			Summen					
	1	2	3						
3									
6									
9									
12									
15									
18									
21									
24									
27									
30									
33									
36									

	Treffer	10er	Xer	Kontr.
Summe				

Schütze:
Schreiber:

Schießzettel und Gruppierungs-Check

2

1

Schütze:
Gruppe:

	Pfeile			Summen					
	1	2	3						
3									
6									
9									
12									
15									
18									
21									
24									
27									
30									
33									
36									

	Treffer	10er	Xer	Kontr.
Summe				

Schütze:
Schreiber:

Äußere Bedingungen

Sonne von				
	vorne	hinten	links	rechts
Regen				
	keiner	Niesel	Regen	starker
Wind von				
	vorne	hinten	links	rechts
Windstärke				
	windstill	leicht	böig	stark
Visiereinstellung				

Bedingungen in der Halle

Licht	gut		schlecht	
Temperatur	genau richtig		heiß	kalt
Geräuschkulisse	laut		leise	

Notizen

Trainingsprotokoll vom:			
Trainingsort:		Schusszahl:	
Uhrzeit von:		Uhrzeit bis:	
Entfernung m:		Auflage cm:	

Erste Tabelle (oben):

Schütze:
Gruppe:

Pfeile				Summen
	1	2	3	
3				
6				
9				
12				
15				
18				
21				
24				
27				
30				
33				
36				

Treffer	10er	Xer	Kontr.
		Summe	

Schütze:
Schreiber:

Schießzettel und Gruppierungs-Check

2

1

Zweite Tabelle (unten):

Schütze:
Gruppe:

Pfeile				Summen
	1	2	3	
3				
6				
9				
12				
15				
18				
21				
24				
27				
30				
33				
36				

Treffer	10er	Xer	Kontr.
		Summe	

Schütze:
Schreiber:

Äußere Bedingungen

Sonne von				
	vorne	hinten	links	rechts
Regen				
	keiner	Niesel	Regen	starker
Wind von				
	vorne	hinten	links	rechts
Windstärke				
	windstill	leicht	böig	stark
Visiereinstellung				

Bedingungen in der Halle

Licht	gut		schlecht	
Temperatur	genau richtig		heiß	kalt
Geräuschkulisse	laut		leise	

Notizen

Trainingsprotokoll vom:		
Trainingsort:		Schusszahl:
Uhrzeit von:		Uhrzeit bis:
Entfernung m:		Auflage cm:

Schießzettel und Gruppierungs-Check

Obere Tabelle:

Schütze:				
Gruppe:				
	Pfeile			Summen
	1	2	3	
3				
6				
9				
12				
15				
18				
21				
24				
27				
30				
33				
36				

	Summe			
Treffer	10er	Xer	Kontr.	

Schütze:

Schreiber:

Untere Tabelle:

Schütze:				
Gruppe:				
	Pfeile			Summen
	1	2	3	
3				
6				
9				
12				
15				
18				
21				
24				
27				
30				
33				
36				

	Summe			
Treffer	10er	Xer	Kontr.	

Schütze:

Schreiber:

Äußere Bedingungen

Sonne von				
	vorne	hinten	links	rechts
Regen				
	keiner	Niesel	Regen	starker
Wind von				
	vorne	hinten	links	rechts
Windstärke				
	windstill	leicht	böig	stark
Visiereinstellung				

Bedingungen in der Halle

Licht	gut		schlecht	
Temperatur	genau richtig		heiß	kalt
Geräuschkulisse	laut		leise	

Notizen

Trainingsprotokoll vom:		
Trainingsort:		Schusszahl:
Uhrzeit von:		Uhrzeit bis:
Entfernung m:		Auflage cm:

Schießzettel und Gruppierungs-Check

Schütze: / Gruppe:

	Pfeile			Summen
	1	2	3	
3				
6				
9				
12				
15				
18				
21				
24				
27				
30				
33				
36				

	Treffer			
Summe	10er	Xer	Kontr.	

Schütze:

Schreiber:

Schütze: / Gruppe:

	Pfeile			Summen
	1	2	3	
3				
6				
9				
12				
15				
18				
21				
24				
27				
30				
33				
36				

	Treffer			
Summe	10er	Xer	Kontr.	

Schütze:

Schreiber:

Äußere Bedingungen

Sonne von				
	vorne	hinten	links	rechts
Regen				
	keiner	Niesel	Regen	starker
Wind von				
	vorne	hinten	links	rechts
Windstärke				
	windstill	leicht	böig	stark
Visiereinstellung				

Bedingungen in der Halle

Licht	gut		schlecht	
Temperatur	genau richtig		heiß	kalt
Geräuschkulisse	laut		leise	

Notizen

Trainingsprotokoll vom:

Trainingsprotokoll vom:			
Trainingsort:		Schusszahl:	
Uhrzeit von:		Uhrzeit bis:	
Entfernung m:		Auflage cm:	

Schießzettel und Gruppierungs-Check

Tabelle 1

Schütze:				
Gruppe:				
	Pfeile 1	2	3	Summen
3				
6				
9				
12				
15				
18				
21				
24				
27				
30				
33				
36				

Treffer	10er	Xer	Kontr.
Summe			

Schütze:

Schreiber:

Tabelle 2

Schütze:				
Gruppe:				
	Pfeile 1	2	3	Summen
3				
6				
9				
12				
15				
18				
21				
24				
27				
30				
33				
36				

Treffer	10er	Xer	Kontr.
Summe			

Schütze:

Schreiber:

Äußere Bedingungen

Sonne von				
	vorne	hinten	links	rechts
Regen				
	keiner	Niesel	Regen	starker
Wind von				
	vorne	hinten	links	rechts
Windstärke				
	windstill	leicht	böig	stark
Visiereinstellung				

Bedingungen in der Halle

Licht	gut		schlecht	
Temperatur	genau richtig		heiß	kalt
Geräuschkulisse	laut		leise	

Notizen

Trainingsprotokoll vom:	
Trainingsort:	Schusszahl:
Uhrzeit von:	Uhrzeit bis:
Entfernung m:	Auflage cm:

Schießzettel und Gruppierungs-Check

(rotated table 1)

Schütze:						
Gruppe:						
	Pfeile				Summen	
	1	2	3			
3						
6						
9						
12						
15						
18						
21						
24						
27						
30						
33						
36						
Treffer	10er	Xer	Summe	Kontr.		
Schütze:						
Schreiber:						

Ziel 2

Ziel 1

(rotated table 2)

Schütze:						
Gruppe:						
	Pfeile				Summen	
	1	2	3			
3						
6						
9						
12						
15						
18						
21						
24						
27						
30						
33						
36						
Treffer	10er	Xer	Summe	Kontr.		
Schütze:						
Schreiber:						

Äußere Bedingungen

Sonne von				
	vorne	hinten	links	rechts
Regen				
	keiner	Niesel	Regen	starker
Wind von				
	vorne	hinten	links	rechts
Windstärke				
	windstill	leicht	böig	stark
Visiereinstellung				

Bedingungen in der Halle

Licht	gut		schlecht	
Temperatur	genau richtig		heiß	kalt
Geräuschkulisse	laut		leise	

Notizen

Trainingsprotokoll vom:			
Trainingsort:		Schusszahl:	
Uhrzeit von:		Uhrzeit bis:	
Entfernung m:		Auflage cm:	

Schießzettel und Gruppierungs-Check

Schießzettel 1 (oben)

Schütze:
Gruppe:

	Pfeile			Summen
	1	2	3	
3				
6				
9				
12				
15				
18				
21				
24				
27				
30				
33				
36				

	Treffer	10er	Xer	Kontr.
Summe				

Schütze:
Schreiber:

Schießzettel 2 (unten)

Schütze:
Gruppe:

	Pfeile			Summen
	1	2	3	
3				
6				
9				
12				
15				
18				
21				
24				
27				
30				
33				
36				

	Treffer	10er	Xer	Kontr.
Summe				

Schütze:
Schreiber:

Äußere Bedingungen

Sonne von				
	vorne	hinten	links	rechts
Regen				
	keiner	Niesel	Regen	starker
Wind von				
	vorne	hinten	links	rechts
Windstärke				
	windstill	leicht	böig	stark
Visiereinstellung				

Bedingungen in der Halle

Licht	gut		schlecht	
Temperatur	genau richtig		heiß	kalt
Geräuschkulisse	laut		leise	

Notizen

Trainingsprotokoll vom:			
Trainingsort:		Schusszahl:	
Uhrzeit von:		Uhrzeit bis:	
Entfernung m:		Auflage cm:	

Schütze:
Gruppe:

	Pfeile			Summen
	1	2	3	
3				
6				
9				
12				
15				
18				
21				
24				
27				
30				
33				
36				

Treffer	10er	Xer	Kontr.
	Summe		

Schütze:
Schreiber:

Schießzettel und Gruppierungs-Check

1

2

Schütze:
Gruppe:

	Pfeile			Summen
	1	2	3	
3				
6				
9				
12				
15				
18				
21				
24				
27				
30				
33				
36				

Treffer	10er	Xer	Kontr.
	Summe		

Schütze:
Schreiber:

Äußere Bedingungen

Sonne von				
	vorne	hinten	links	rechts
Regen				
	keiner	Niesel	Regen	starker
Wind von				
	vorne	hinten	links	rechts
Windstärke				
	windstill	leicht	böig	stark
Visiereinstellung				

Bedingungen in der Halle

Licht	gut		schlecht	
Temperatur	genau richtig		heiß	kalt
Geräuschkulisse	laut		leise	

Notizen

Trainingsprotokoll vom:

Trainingsort:		Schusszahl:	
Uhrzeit von:		Uhrzeit bis:	
Entfernung m:		Auflage cm:	

Schießzettel und Gruppierungs-Check

Schütze:
Gruppe:

	Pfeile 1	2	3	Summen
3				
6				
9				
12				
15				
18				
21				
24				
27				
30				
33				
36				

Treffer	10er	Xer	Kontr.
Summe			

Schütze:
Schreiber:

Schütze:
Gruppe:

	Pfeile 1	2	3	Summen
3				
6				
9				
12				
15				
18				
21				
24				
27				
30				
33				
36				

Treffer	10er	Xer	Kontr.
Summe			

Schütze:
Schreiber:

Äußere Bedingungen

Sonne von				
	vorne	hinten	links	rechts
Regen				
	keiner	Niesel	Regen	starker
Wind von				
	vorne	hinten	links	rechts
Windstärke				
	windstill	leicht	böig	stark
Visiereinstellung				

Bedingungen in der Halle

Licht	gut		schlecht	
Temperatur	genau richtig		heiß	kalt
Geräuschkulisse	laut		leise	

Notizen

Trainingsprotokoll vom:			
Trainingsort:		Schusszahl:	
Uhrzeit von:		Uhrzeit bis:	
Entfernung m:		Auflage cm:	

Schießzettel und Gruppierungs-Check

Ziel 1

Ziel 2

Schütze: _____ Gruppe: _____ Schreiber: _____

Schütze:	Pfeile 1	Pfeile 2	Pfeile 3	Summen
3				
6				
9				
12				
15				
18				
21				
24				
27				
30				
33				
36				
Treffer	10er	Xer	Kontr.	Summe

Schütze: _____ Gruppe: _____ Schreiber: _____

Schütze:	Pfeile 1	Pfeile 2	Pfeile 3	Summen
3				
6				
9				
12				
15				
18				
21				
24				
27				
30				
33				
36				
Treffer	10er	Xer	Kontr.	Summe

Äußere Bedingungen

Sonne von				
	vorne	hinten	links	rechts
Regen				
	keiner	Niesel	Regen	starker
Wind von				
	vorne	hinten	links	rechts
Windstärke				
	windstill	leicht	böig	stark
Visiereinstellung				

Bedingungen in der Halle

Licht	gut		schlecht	
Temperatur	genau richtig		heiß	kalt
Geräuschkulisse	laut		leise	

Notizen

Trainingsprotokoll vom:			
Trainingsort:		Schusszahl:	
Uhrzeit von:		Uhrzeit bis:	
Entfernung m:		Auflage cm:	

Schütze:
Gruppe:

	Pfeile			Summen
	1	2	3	
3				
6				
9				
12				
15				
18				
21				
24				
27				
30				
33				
36				

Summe	Treffer	10er	Xer	Kontr.

Schütze:

Schreiber:

Schießzettel und Gruppierungs-Check

1

2

Schütze:
Gruppe:

	Pfeile			Summen
	1	2	3	
3				
6				
9				
12				
15				
18				
21				
24				
27				
30				
33				
36				

Summe	Treffer	10er	Xer	Kontr.

Schütze:

Schreiber:

Äußere Bedingungen

Sonne von				
	vorne	hinten	links	rechts
Regen				
	keiner	Niesel	Regen	starker
Wind von				
	vorne	hinten	links	rechts
Windstärke				
	windstill	leicht	böig	stark
Visiereinstellung				

Bedingungen in der Halle

Licht	gut		schlecht	
Temperatur	genau richtig		heiß	kalt
Geräuschkulisse	laut		leise	

Notizen

Trainingsprotokoll vom:

Trainingsort:		Schusszahl:	
Uhrzeit von:		Uhrzeit bis:	
Entfernung m:		Auflage cm:	

Schütze:
Gruppe:

Pfeile			Summen
1	2	3	
3			
6			
9			
12			
15			
18			
21			
24			
27			
30			
33			
36			

Treffer	10er	Xer	Kontr.
		Summe	

Schütze:

Schreiber:

Schießzettel und Gruppierungs-Check

1

2

Schütze:
Gruppe:

Pfeile			Summen
1	2	3	
3			
6			
9			
12			
15			
18			
21			
24			
27			
30			
33			
36			

Treffer	10er	Xer	Kontr.
		Summe	

Schütze:

Schreiber:

Äußere Bedingungen

Sonne von				
	vorne	hinten	links	rechts
Regen				
	keiner	Niesel	Regen	starker
Wind von				
	vorne	hinten	links	rechts
Windstärke				
	windstill	leicht	böig	stark
Visiereinstellung				

Bedingungen in der Halle

Licht	gut		schlecht	
Temperatur	genau richtig		heiß	kalt
Geräuschkulisse	laut		leise	

Notizen

Trainingsprotokoll vom:		
Trainingsort:		Schusszahl:
Uhrzeit von:		Uhrzeit bis:
Entfernung m:		Auflage cm:

Schießzettel und Gruppierungs-Check

1

2

Tabelle 1

Schütze:					
Gruppe:					
	Pfeile				Summen
	1	2	3		
3					
6					
9					
12					
15					
18					
21					
24					
27					
30					
33					
36					

Treffer	10er	Xer	Kontr.
Summe			

Schütze:	
Schreiber:	

Tabelle 2

Schütze:					
Gruppe:					
	Pfeile				Summen
	1	2	3		
3					
6					
9					
12					
15					
18					
21					
24					
27					
30					
33					
36					

Treffer	10er	Xer	Kontr.
Summe			

Schütze:	
Schreiber:	

Äußere Bedingungen

Sonne von				
	vorne	hinten	links	rechts
Regen				
	keiner	Niesel	Regen	starker
Wind von				
	vorne	hinten	links	rechts
Windstärke				
	windstill	leicht	böig	stark
Visiereinstellung				

Bedingungen in der Halle

Licht	gut		schlecht	
Temperatur	genau richtig		heiß	kalt
Geräuschkulisse	laut		leise	

Notizen

Trainingsprotokoll vom:	
Trainingsort:		Schusszahl:	
Uhrzeit von:		Uhrzeit bis:	
Entfernung m:		Auflage cm:	

Schießzettel und Gruppierungs-Check

Schütze:
Gruppe:

	Pfeile 1	2	3	Summen
3				
6				
9				
12				
15				
18				
21				
24				
27				
30				
33				
36				

Treffer	10er	Xer	Kontr.
		Summe	

Schütze:
Schreiber:

Schütze:
Gruppe:

	Pfeile 1	2	3	Summen
3				
6				
9				
12				
15				
18				
21				
24				
27				
30				
33				
36				

Treffer	10er	Xer	Kontr.
		Summe	

Schütze:
Schreiber:

Äußere Bedingungen

Sonne von				
	vorne	hinten	links	rechts
Regen				
	keiner	Niesel	Regen	starker
Wind von				
	vorne	hinten	links	rechts
Windstärke				
	windstill	leicht	böig	stark
Visiereinstellung				

Bedingungen in der Halle

Licht	gut		schlecht	
Temperatur	genau richtig		heiß	kalt
Geräuschkulisse	laut		leise	

Notizen

Trainingsprotokoll vom:			
Trainingsort:		Schusszahl:	
Uhrzeit von:		Uhrzeit bis:	
Entfernung m:		Auflage cm:	

Schießzettel und Gruppierungs-Check

Schießzettel oben

Schütze: ___ Gruppe: ___

	Pfeile 1	2	3	Summen
3				
6				
9				
12				
15				
18				
21				
24				
27				
30				
33				
36				

Treffer	10er	Xer	Kontr.
Summe			

Schütze: ___ Schreiber: ___

Schießzettel unten

Schütze: ___ Gruppe: ___

	Pfeile 1	2	3	Summen
3				
6				
9				
12				
15				
18				
21				
24				
27				
30				
33				
36				

Treffer	10er	Xer	Kontr.
Summe			

Schütze: ___ Schreiber: ___

Äußere Bedingungen

Sonne von				
	vorne	hinten	links	rechts
Regen				
	keiner	Niesel	Regen	starker
Wind von				
	vorne	hinten	links	rechts
Windstärke				
	windstill	leicht	böig	stark
Visiereinstellung				

Bedingungen in der Halle

Licht	gut	schlecht	
Temperatur	genau richtig	heiß	kalt
Geräuschkulisse	laut	leise	

Notizen

Trainingsprotokoll vom:	
Trainingsort:	Schusszahl:
Uhrzeit von:	Uhrzeit bis:
Entfernung m:	Auflage cm:

Schütze:
Gruppe:

Pfeile				Summen	Treffer	10er	Xer	Kontr.
	1	2	3					
3								
6								
9								
12								
15								
18								
21								
24								
27								
30								
33								
36					Summe			

Schütze:
Schreiber:

Schießzettel
und
Gruppierungs-
Check

1

2

Schütze:
Gruppe:

Pfeile				Summen	Treffer	10er	Xer	Kontr.
	1	2	3					
3								
6								
9								
12								
15								
18								
21								
24								
27								
30								
33								
36					Summe			

Schütze:
Schreiber:

Äußere Bedingungen

Sonne von				
	vorne	hinten	links	rechts
Regen				
	keiner	Niesel	Regen	starker
Wind von				
	vorne	hinten	links	rechts
Windstärke				
	windstill	leicht	böig	stark
Visiereinstellung				

Bedingungen in der Halle

Licht	gut		schlecht	
Temperatur	genau richtig		heiß	kalt
Geräuschkulisse	laut		leise	

Notizen

Statistische Auswertung	
wöchentlich	
geschossene Trainingspfeile:	
geschossene Pfeile Techniktraining:	
monatlich	
geschossene Pfeile gesamt:	
geschossene Pfeile Technik:	
halbjährlich	
geschossene Pfeile gesamt:	
geschossene Pfeile Technik:	
jährlich	
geschossene Pfeile gesamt:	
geschossene Pfeile Technik:	

Raum für zusätzliche Notizen: